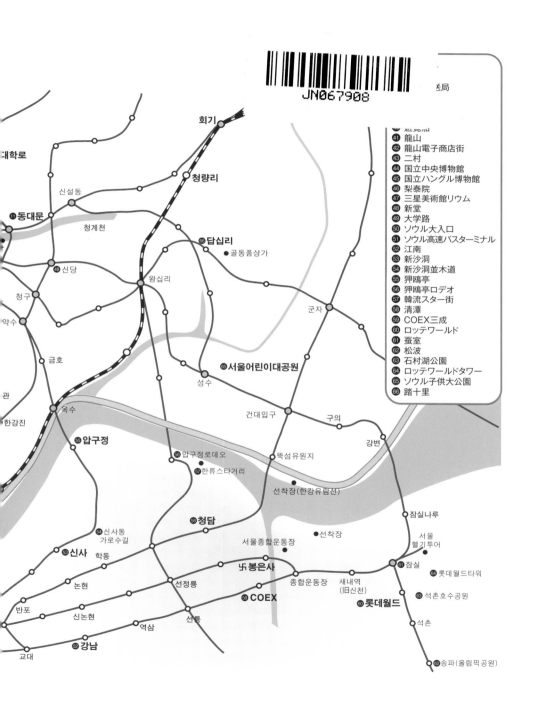

대학로

회기

신설동

청량리

⑰동대문

청계천

담십리

골동품상가

㉘신당

청구

왕십리

군자

약수

금호

㉕서울어린이대공원

성수

옥수

건대입구

구의

㉟압구정

강변

압구정로데오

뚝섬유원지

한류스타거리

선착장(한강유람선)

잠실나루

⑱청담

서울
헬기투어

신사동
가로수길

서울종합운동장

선착장

㉝신사

학동

㋺봉은사

㉑잠실

논현

선정릉

종합운동장

㋔롯데월드타워

⑲COEX

새내역
(旧新川)

㉟석촌호수공원

반포

신논현

선릉

㉺롯데월드

역삼

선릉

석촌

㉜강남

교대

㉒송파(올림픽공원)

韓国

평양
(平壤)

북한
(北朝鮮)

금강산
(金剛山)

판문점
(板門店)

설악산
(雪嶽山)

강원도

강릉

서울
(ソウル)

춘천

평창
(平昌)

강화도

인천
(仁川)

경기도

송도 국제 신도시
(松島国際新都市)

용인

수원
(水原)

민속촌
(民俗村)

충청북도

문경

충청남도

경상북도

천안

세종(世宗)

안동

부여
(扶餘)

공주

대전
(大田)

대천

대구
(大邱)

경주
(慶州)

전주
(全州)

해인사

전라북도

울산

경상남도

광주
(光州)

지리산
(智異山)

부산
(釜山)

해운대
(海雲台)

전라남도

통영

진도
(珍島)

목포
(木浦)

여수

다도해
(多島海)

제주도
(済州島)

성산일출봉

서귀포

한라산
(漢拏山)

韓国語学習の おやつ

－10分で知る韓国の社会と文化－

松﨑真日／丁仁京／安藤純子／趙賢眞

朝日出版社

はじめに

　日本と韓国は隣り合っていて、多くの往来がありますが、意外にも基本的なことが知られていないと感じることがあります。

　ソウルと釜山は聞いたことがあっても、人口250万人を超える大邱については都市名もピンとこない人は少なくないようですし、情報技術が発展しているということは知っていても、実際にどのように役立てられているかについて知っている人はあまり多くないようです。韓国については、多くの情報が入ってきてはいるのですが、知られていないことが多いのが実情かもしれません。

　本書は、韓国の社会や文化についてぜひ知っておいてほしいことと、皆さんが知りたいと考えていることを、あわせて学べる教科書として誕生しました。8つのカテゴリーに50のトピックを配置し、多様な角度から韓国の社会と文化について学ぶことができるようになっています。トピックの選定にあたっては、大学で韓国語を学ぶおよそ500名を対象にアンケート調査を実施し、大学生の皆さんの興味・関心が取り込めるように努めました。「観光」、「食」、「若者」のトピックをはじめ、多くの項目が皆さんの興味・関心に沿ったものになっているものと思います。

　本書の使い方ですが、韓国語の授業のウォーミングアップとして、またトレーニングの合間に頭を切り替える目的でお使いいただければと思います。『韓国語学習の「おやつ」 −10分で知る韓国の社会と文化−』というタイトルには、おやつのように、楽しみながら、リラックスして学んでほしいという著者の希望を込めました。

　各トピックでは、最初に絵を見ながら、想像を巡らすことができるよう構成しています。絵を見て、質問を見て、思う存分、想像を巡らしていただければと思います。それぞれのテーマについて考えてから文章を読むことで、能動的に読めるよう工夫しました。

　語学の教科書だけでは手が届かなかった、社会と文化について、本書を通じて楽しみながら学んでいただき、授業の場がより一層活気に満ちるならば、著者としてこれ以上の喜びはありません。

　最後になりましたが、著者の希望に応えてすばらしいイラスト描いてくださった渡辺奈央子様、そして執筆から刊行にいたる全過程においてご尽力くださった朝日出版社の山田敏之様にこの場をお借りして心より感謝申し上げます。

2020年夏　著者一同

目　次

イラストー渡辺奈央子

装丁ー申智英

1

지리

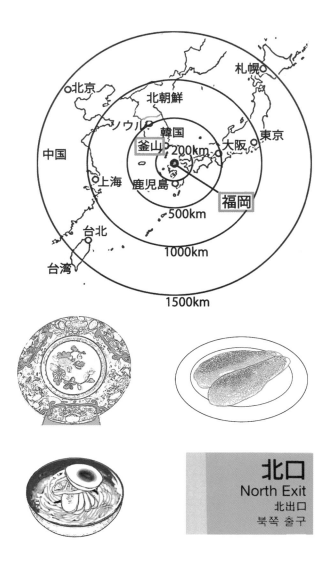

韓国と北海道ではどちらの
面積が大きいでしょうか？

>>>>   >>>>

地理

　日本と多くの往来がある最も近い外国、それは韓国（大韓民国）です。九州の北方、玄界灘に位置している長崎県の対馬から、朝鮮半島の南東部に位置している釜山までの距離は約 50 キロ。対馬から福岡県までの距離（海路）がおよそ 147 キロですから、どれだけ近いかがよくわかります。その近さゆえ、昔から日本との間で多くの交易や人の移動が行われ、結果、朝鮮半島から日本に伝わったものがあります。その一つが仏教です。西暦 500 年代に朝鮮半島の南西部を占めた古代国家である百済から日本に伝えられたと言われています。現在は、多い時には 1 年間で 1 千万もの人々が日本と韓国を往来するまでになりました。

　朝鮮半島は現在、南側の韓国と北側の北朝鮮（朝鮮民主主義人民共和国）とに分断されていますが、南北を合わせた面積は 22 万 3 千㎢で、そのうち、南側の韓国は 10 万㎢です。朝鮮半島全体の面積は、日本の本州から青森を除いたぐらい、韓国の面積は、北海道と四国の愛媛県を合わせたぐらいの大きさです。

　人口は、南北合わせると約 7500 万人、そのうち、韓国が約 5000 万人ですから、面積では北朝鮮が少し大きく、人口は韓国が約 2 倍多いということになります。

　この本では、知っているようで知らない韓国の様々な事柄を紹介しています。これから一緒に学んでいきましょう！

明太子や冷麺、佐賀県の有名な焼き物である有田焼も朝鮮半島と深い関わりがあります。

2 주요 도시

Airport

Station

>>>> 皆さんが知っている韓国の
都市をあげてみましょう >>>>

主要都市

皆さんはソウル（서울）に行ったことがありますか？ここでは韓国の主要都市について簡単にご紹介します。

ソウルは韓国の首都で、韓国でもっとも大きい都市です。1988年に夏季オリンピックが開催されたところでもあります。

ソウルから西40キロに位置する仁川（인천）には、韓国の空の玄関口である仁川国際空港があります。国際的な都市で、チャイナタウンもあります。また、超高層ビルが立ち並んでいる松島国際新都市は、近未来的な雰囲気を感じさせます。

半島南東端に位置する釜山（부산）は韓国最大の貿易港で、韓国第2の都市です。海岸沿いには美しく白い砂浜が広がり、有名な海辺もあります。

韓国の南東部に位置する大邱（대구）は、周辺が山に囲まれた盆地都市です。朝鮮時代からある漢方の街や近代期の建築物が保存された近代通りを歩くと、歴史を肌で感じることができます。また、りんご、ぶどう、まくわ瓜などの果物の栽培が盛んで、もつ焼きも有名です。

ソウルと釜山の中間に位置する大田（대전）は、韓国の各地から高速鉄道（KTX）で約2時間以内で行ける交通の要衝です。

韓国の南西部にある光州と全州は、広い平野があり農業で古くから栄えたところです。特に、全州はビビンバで知られ、韓国の食の都とも呼ばれる美食の街です。

韓国の北東部に位置する平昌は、2018年冬季オリンピックが開催されたところです。

3 날씨와 자연

ソウルの最高最低平均気温（2019年）

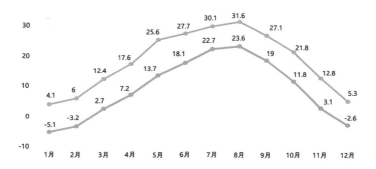

韓国の天候について知っていることを話してみましょう

天候と自然

韓国の夏は日本と同じく暑いですが、湿度は低めです。真夏には眠れないほどの熱帯夜が続く日もあります。夜、公園や川沿い、道路脇に出かけてみると、レジャーシートを敷いたり、テントを張ったりするなど、思い思いのスタイルで、しばしの間でも熱帯夜から逃れようとする韓国人の姿をよく見かけます。

冬は大陸から冷え込んだ空気が流れ込み、乾燥した寒い日が続きます。年にもよりますが、気温が氷点下 10 度以下に下がったり、日中でも氷点下を下回ることもあります。真冬の寒さに対処するには、フード付きのダウンコート、マフラーや手袋など、しっかり防寒グッズを揃えておくのが良いでしょう。

韓国は平野が少なく、全国に山が数多くあります。週末になると、若者から中高年層に至るまで登山を気軽に楽しんでいます。地下鉄やバスに乗っていると、登山客の姿が多く見られます。実際、韓国人がもっとも好きな趣味は登山といえるでしょう。服装は、登山専用服に登山靴！週末になると、登山服に身を包んだ人々を多く目にすることができるでしょう。登山帰りに、山の中腹や入口にあるお店でチヂミとマッコリを楽しむ人も多いです。

韓国は三方が海に囲まれています。東側の海は海水浴場が多く、イカなどの海産物が有名です。西側の海は干潟が広がっていて、南側の海は多島海（タドヘ）と呼ばれ、小さく美しい島が多くあります。その一部は多島海海上公園に指定されています。

半島西南端にある珍島（チンド）は、春になると海の中から島へと続く道が現れ、それを見に多くの人が訪れます。

4

통화

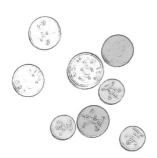

>>>> 韓国の紙幣にはどんな人物が
描かれているでしょうか？ >>>>

通貨

４

　日本の通貨単位は円（¥）、アメリカはドル（$）ですが、韓国はウォン（₩）です。韓国の紙幣には５万ウォン、１万ウォン、５千ウォン、千ウォンがあり、硬貨には500ウォン、100ウォン、50ウォン、10ウォンがあります。為替レートは日々変動しますが、おおむね100円≒1000ウォンといったところです。

　お金にはしばしばその国の偉人や文化財、自然などが描かれますが、韓国でも例外ではありません。韓国の紙幣で興味深いのは、５万ウォン札と５千ウォン札に描かれている人物の関係です。５万ウォン札に申師任堂（신사임당）という女性が描かれています。植物や昆虫の絵を残しており、朝鮮一の女流画家としても知られていますが、この女性は、５千ウォン札に描かれている朝鮮時代を代表する儒学者の李珥（이이）の母でもあります。また５千ウォン札の裏面には、「草虫図（초충도）」という絵が描かれていますが、この絵は母である申師任堂が描いたものです。韓国の紙幣にはこの親子の関係が色濃く反映されています。なお、最高金額の紙幣に女性が選ばれたことは、発表当時大きな話題になりました。

　それから千ウォン札には日本の朱子学に大きな影響を与えた学者である李退渓（이퇴계）が描かれています。５千ウォン札に続き、ここでも儒学者が選ばれています。

　なお、１万ウォン札にはハングルを創った世宗大王（세종대왕）が描かれています。

硬貨は最近はあまり使用されません。そのため韓国の財布には小銭入れがついていないことが多いです。

5 정치

>>>> 青瓦台は誰が何をするところでしょうか？ >>>>

政治

　日本の首相は国会議員から選ばれますが、韓国は大統領制で、国民から直接選ばれます。任期は1期5年、再選はありませんが、任期・再選有無を変更しようとする議論も起きています。大統領が執務を行う場所は青瓦台（청와대）といい、文字通り、青い瓦屋根が特徴的な建物です。

　なお、大統領とは別に、国務総理（首相）がいます。大統領が国民からの直接選挙で選ばれ、外交や軍事全ての責任者である一方、国務総理は国会の同意を得て大統領が任命し、大統領を補佐するとともに、主に国内の行政全般を担当する役目を担っています。もし、大統領が職務遂行できない状況になった時には、その任務を代行する重要な立場でもあります。

　日本の国会は衆議院と参議院の二院制ですが、韓国の国会は一院制です。

　韓国では、2020年から満18歳以上で投票できるようになりました。大統領選挙や国会議員選挙の投票日は平日に設定され、当日は公休日になります。市民はもちろん、有名芸能人たちも投票に行ったことを知らせるために、手に投票用のスタンプを押した写真をSNSにアップしたりします。

　青瓦台や国会議事堂は、予約すれば見学することもできます。皆さんも政治の現場を一度のぞいてみてはいかがでしょうか。

　選挙運動の際には、候補者が演説するだけではなく、応援する人たちと一緒に歌ったり踊ったりして支持を訴えます。

6 병역

>>>> 韓国人男性の兵役期間は何年でしょうか？ >>>>

兵役

6

　韓国のすべての成人男性には兵役義務があります。徴兵検査で兵役に就くことに支障がないと判断されれば、やむを得ない事情がある場合を除き、満19歳から27歳までの間に入隊します。大学生の場合、就職を考慮して、2年次から3年次への進級時に休学して入隊することが多いようです。

　兵役の服務形態は組織によって異なりますが、一般的に陸軍、海軍、空軍に分かれ、1年半から2年弱程度、兵役に服します。1年半以上の服務期間といえば長く感じられるかもしれませんが、以前は3年程度の服務期間であったので、大幅に短縮されたといえます。兵役義務者は約4〜5週間の基礎軍事訓練を受けた後、各自配属先で任務にあたります。行政、通信、運転、料理など各自の任務のみならず、厳しい軍事訓練を受けなければなりません。兵役中は基本的に週休二日制で、国から給料が支給されます。自由時間や休日など、軍務に支障がない時間帯には、携帯電話やインターネットの使用も許可されます。一定期間の休暇も認められており、外出、外泊、面会などの申請も可能です。

　除隊後、8年間は予備軍（年に数回召集）として服務、40歳までは民防衛（地域民間防衛隊）で年に一度簡単な訓練を受けます。

　兵役逃れをすれば処罰され、兵役義務が済んでいない場合には海外渡航が制限されたり、就職の際に不利になることもあります。

　オリンピックでメダルを獲得したり、アジア大会で優勝すると、兵役が免除されます。

7 교통

서울

부산

>>>>> ソウルから釜山までの移動時間は
どれぐらいでしょうか？ >>>>>

交通

　韓国に旅行に行ったら、韓国の交通機関を利用することになるでしょう。韓国は交通機関の料金が安価であるため、国内での移動がしやすい国といえます。およそ日本の半額ぐらいの料金で同じ距離を移動できることが多いです。

　大都市では地下鉄が整備されており、便利良く移動できるようになっています。特にソウルは網の目のように地下鉄が張り巡らされており、一部の路線を除き、乗り換え時に追加料金もかかりません。

　都市間の交通は、鉄道や高速バスが主力です。鉄道ではKTXという高速鉄道路線が充実し、ソウルと釜山（プサン）は2時間半で結ばれています。またKTXが通っていない地方都市には高速バス便が充実しており、ソウルからは多くの地域への直行便があります。ソウルの高速バスターミナルは巨大でそれ自体一見の価値があります（なお、バスチケットを購入する際には日本で発行されたクレジットカードが使えませんので、現金を用意しておきましょう）。

　空の便では、ソウル－済州島（チェジュド）（제주도）間が一日平均で片道数十便が飛んでおり、世界でも屈指の運航数になっています。

　韓国は交通インフラがよく整っていますので、ソウルや釜山から地方への日帰り旅行も簡単ですよ。

地下鉄やバスを利用する際には、T-Money（티머니）という先払い式の交通カードを利用すると便利です。

주거

>>>> 韓国の人々はどのような家に
暮らしているでしょうか？ >>>>

住居

　韓国の人々は、伝統的には韓屋（한옥）と呼ばれる伝統建築に暮らしてきましたが、現在では韓屋は数が減少してきています。他方、現在多くの人が暮らしているのは集合住宅です。

　仁川空港からソウル市内に向かうと、車窓にマンションが林立している姿を見ることでしょう。多くのマンションは20階建て以上で、それがいくつも連なるように立っています。これは地方都市でも同じです。都市への集住が進んだことへの対応として、高層マンションが建てられ人気となりました。大規模マンションの敷地には、クリーニング店や美容室、学習塾、食堂など生活に必要なお店の入った商業棟が建てられることが多いです。

　他方で、住宅街を歩くとマンション以外の住居があることに気づきます。ヴィラや連立住宅と呼ばれる3～4階建ての集合住宅で、日本の小型マンションのような感じです。また、戸建ての家や、学生向けのワンルームマンションもあります。とはいえ、やはり大都市では集合住宅に暮らす人々が多いです。

　なお、不動産価格が高い大都市では、多少の不便があっても、低廉な家賃で暮らすことができる半地下の部屋や、屋上に作られたプレハブ、さらには考試院という小部屋タイプの宿所で暮らす人も少なくありません。

韓国には伝貰というシステムがあります。高額の伝貰金を預けると賃貸期間中は家賃が必要なく、退去時に伝貰金が戻ります。

9 온돌

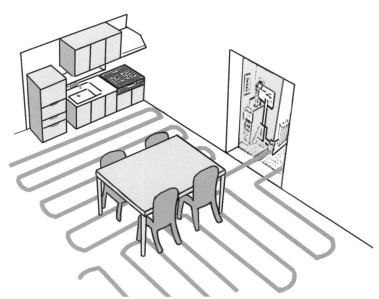

>>>> 韓国で冬に最も使われる暖房は
何だと思いますか？ >>>>

オンドル

　韓国の冬は、地域によってかなり気温が下がるところもあります。例えば、首都であるソウルは韓国でも北の方に位置し、盆地ということもあり、真冬はマイナス 10 度以下になることもあります。そんな寒い冬の韓国で、一番暖かい場所はどこでしょうか。それは、家です。韓国の一般家屋にはオンドル（온돌）という床暖房があります。

　昔のオンドルは、食事を作る際にかまどから出た煙が床下を流れるようにして床を暖め、煙は煙突を通して外に排出するという仕組みでした。

　現在のオンドルは、床下全体にパイプが通っており、ボイラーを利用してパイプに温水を流す仕組みになっています。部屋ごとに暖めることができる場合もありますし、マンション一棟がセントラルヒーティングになっているところもありますが、床の暖かさが部屋全体に広がるので、韓国の家ではオンドル以外の暖房器具を使わない所も多いです。家全体が暖まっているので、冬にはお風呂に入らずシャワーだけでも寒さを感じることはありません。暑すぎて、家の中では T シャツに短パンで過ごす人もいるほどです。

　伝統家屋の宿泊施設やホテルの一部にもオンドル部屋がありますので、真冬の韓国を旅する時には、その暖かさをぜひ体験してみてください。暖かさで体だけでなく心もホカホカになりますよ。

王宮の1つである景福宮<ruby>景福宮<rt>キョンボックン</rt></ruby>（경복궁）に行くと、生活していた部屋の脇に煙突がありますので、行った際には見てみてください。

10

한복

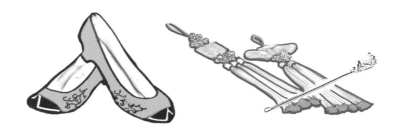

>>>> チマチョゴリはどんな時に着ると思いますか？ >>>>

ハンボク
韓服（한복）は、色鮮やかな韓国の伝統衣装です。チマチョゴリと呼ばれることが多いですが、女性のチマチョゴリ（치마 저고리）、男性のパジチョゴリ（바지 저고리）、子供のセクトンチョゴリ（색동 저고리）なども含めて伝統衣装全体を広く韓服と呼んでいます。袖の柔らかな曲線、全体を引き締める白地のトンジョン（동정：半襟）、合わせ着のように着る形が「韓服の三大美」と言われています。

日常的に韓服を着る習慣は1960年代まではありました。現在では、満1歳の誕生パーティーのトルチャンチ（돌잔치）や、正月やお盆、結婚式、60歳の還暦や70歳の古希の祝宴などの冠婚葬祭以外では韓服を着る機会は少ないといえます。

1990年代から韓服を現代生活に合わせた「改良韓服」が広まってきました。簡略化されたデザインで動きやすく「生活韓服」とも呼ばれます。

最近、伝統文化に対する関心の高まりと共に、日常着として韓服を楽しむ人も増えています。また、一部の高校では改良韓服を制服として採用しており、徐々に人気が高まっています。

キョンボックン
景福宮や民俗村など韓国の伝統的な観光名所周辺では、着付け体験やレンタルもできます。韓国に行ったらぜひ韓服を着て、街歩きを楽しんでください。

韓服のアクセサリーとしては、女性はかんざしを、男性は金や宝石でできたボタンをつけることもあります。

11 찜질방

>>>> この人たちはどこに何をしに来たのでしょうか？ >>>>

チムジルバン

韓国のレジャー施設の１つに、チムジルバン（찜질방）という、いわば韓国版健康ランドがあります。多くの施設が 24 時間営業です。数種類のお風呂とサウナがあり、サウナには、汗蒸幕（한증막）というかなり熱いものからひんやりしたもの、さらに、炭、ヒノキ、塩、石、黄土など様々な種類のものがあります。汗蒸幕では、暑さをしのぐ麻布を頭からかぶって入ります。その他にも休憩スペースや売店、食堂、中には、マッサージルーム、ゲームコーナー、ジム、PC 室まであるチムジルバンもあります。

チムジルバンを利用する時は、受付で料金を支払い、チムジルバン用の服とタオル、鍵を受け取り、中に入ります。ロッカーに荷物を入れ、チムジルバン用の服に着替えれば準備完了。休憩スペースは男女共用エリアなので、カップル、家族で来ている人たちもたくさんいて、休日には一日中過ごす人もいます。休憩スペースでごろごろしたり、テレビを見たり、おしゃべりをしたら、次はサウナに入ったり、お風呂に入ったりします。お風呂では、別料金にはなりますが垢すりをしてもらえます。お腹が空いたら、食堂で韓国料理を食べてもいいですし、チムジルバンの定番である燻製ゆで卵と甘酒に似た飲み物であるシッケ（식혜）を楽しんでもいいでしょう。

値段も安く、仮眠室がある所もあり、ホテルの代わりに利用する人もいます。サウナやお風呂が好きな人は、ぜひ一度体験してみては？

チムジルバンではタオルで羊頭（양머리）を作って頭にかぶります。熱さから髪を保護する目的があります。

12 계산

>>>> 誕生パーティーの費用は誰が払うと思いますか？ >>>>

　皆さんは誰かと食事に行った時、支払いはどうしますか？日本では基本的に割り勘か、自分の食べた分だけ払うということが多いようですが、韓国では違います。

　年齢や役職が異なる人たちで食事に行った場合、支払いはその中で最も年上か役職の地位が高い人がします。同じ年や、同等の役職の場合は、誘った人が払います。ごちそうになる立場の人たちは、それを当たり前に受け入れます。自分が払う立場だったら、全員分払うなんて大変！と思いますよね。韓国の人たちは、「自分も若い時は払ってもらったから、今度は自分が払う番。次は後輩が先輩になったら後輩におごってあげる、というように続いていく」と言います。

　カップルや友達同士だったらどうでしょうか。カップルの場合、以前は男性が全額支払うことが多かったようですが、社会状況の変化もあって、最近では男性が食事代を、女性がお茶代を、というように分けたり、カップルが学生同士である場合や友達同士の場合は、割り勘にしたりすることも多くなっています。

　では、誕生日の時や会社で昇進した時など、おめでたい席に呼ばれた時は、誰が支払うと思いますか？やはり日本とは違って、いいことがあった人が感謝の気持ちを表すために、皆におごるのが韓国式なのです。

韓国では、現金で支払う時、お金をトレーに置くのではなく、店員に手渡しするのがマナーです。

13

현금 없는 사회

>>>> 韓国の学生食堂での支払いは、
どのようにしていると思いますか？ >>>>

キャッシュレス社会

　韓国でキャッシュレス化が進んでいるという話を聞いたことがありますか？デパートはもちろん、塾、薬局、コンビニ、タクシー、屋台など、あらゆる場所でクレジットカードを利用することが可能です。韓国では、年商が2400万ウォン以上ある店であれば、クレジットカード取り扱いが義務化されています。

　クレジットカード普及率が高い理由としては、一つは個人消費の拡大を目的とした経済政策の一環、もう一つは小売店の脱税防止施策として、1999年頃から政府主導でクレジットカードの利用を推進してきたからだと言われています。

　利用額に応じたキャッシュバックや、領収書に宝くじをつけるといった特典が功を奏し、国民の多くがクレジットカードで支払いをするようになり、最近では95％以上、キャッシュレス化が進んでいます。

　韓国では実際、日常生活において現金をほとんど使いません。学食でもクレジットカードやデビットカードで払うのが普通です。現金払いを受け付けないお店やタクシーなどもあります。また、お年玉やお小遣いも現金ではなくATMで送ることもしばしばあり、キャッシュレス社会は、とても便利な反面、素っ気ない感じもするという人もいます。

　小さい屋台では現金払いですが、現金を持ち合わせていない場合は「スマートフォンで店の口座に振り込んでください」と言われます。

14 정보 기술

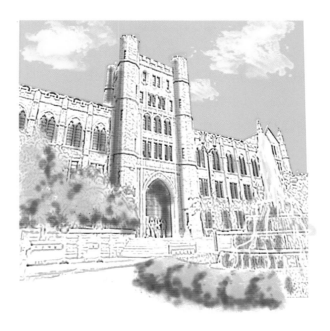

>>>> 韓国では卒業証明書をどこ
で入手すると思いますか？ >>>>

情報技術

　韓国では世界でもかなり早い時期に高速インターネット回線を普及させ、ブロードバンドサービスを急速に進展させたこともあり、高速回線を安く利用できるようになっています。

　空港、バス、地下鉄などの公共交通機関だけでなく、会社、学校、役所などの公共機関、ホテル、デパート、ショッピングモール、観光スポット、カフェ、庶民的な酒場など、至る所で Wi-Fi に無料で接続できるほどネットインフラが整備されています。

　また、行政サービスの電子化も進んでおり、役所や学校の業務、例えば各種証明書の申請や交付の多くがオンラインでできるようになっています。これにより、わざわざ役所や学校に足を運ばなくても、インターネット上で住民票や家族関係証明書（日本の戸籍謄本にあたる）、在学証明書、卒業証明書、成績証明書、TOEIC 成績証明書などを申請し、家庭や職場のパソコンなどから手軽にプリントアウトすることができます。

　教育分野でも IT の先端技術が活用されています。全国の小中学校ではデジタル教科書を導入、タブレットや電子黒板を用いた「スマート教室」化が進んでいます。また、国際結婚や就労のために韓国に住む外国人が増えたことで、例えばベトナム語やインドネシア語など、各国の言語でもデジタル教科書を作り、韓国に移住した子どもたちが不便なく教育を受けられるよう便宜をはかる試みもなされています。

　韓国は e スポーツが盛んで、プロ選手が世界で活躍しています。
e スポーツの試合が放送される専用テレビ局もあります。

15 종교

>>>> 韓国には宗教に関する休日が二日
ありますが、いつだと思いますか？ >>>>

　韓国では、国の祝日の一部としてキリスト教に由来する祝日と、仏教に由来する祝日が定められています。キリスト教の祝日はクリスマス（12月25日）です。キリスト教徒でなくても、みんなでパーティーをしたり、プレゼントを交換したりします。日本と似ていますね。仏教の祝日は釈迦誕生日（旧暦の4月8日）です。こちらは旧暦で行いますので、毎年日にちが変わります。ソウルではこの日、仏教のお祭りが行われ、全国からソウル中心部の鐘路（종로）の通りに集まった仏教徒が巨大な灯篭を引いて練り歩きます。夜のソウルを照らし出す灯篭の光は幻想的です。

　このようにキリスト教と仏教が多くの人に信仰されていますが、他方で伝統的な信仰も保持されています。韓国には巫堂と呼ばれるシャーマンがいて、先祖の言葉を伝えたり、占いを行ったりします。キリスト教徒や仏教徒であってもこういった伝統的なシャーマンを訪ねることは少なくありません。また、先祖祭祀ともかかわる盆行事（秋夕）や正月行事も多くの国民が行います。

　このような状況を見ると、韓国人の信仰は様々な要素がまじりあったものであるということができるでしょう。

　日本とも似ていますが、信仰心が篤い人が多いようで、結婚に際して、宗教が条件になったり、障害になるといった話がよく聞かれます。

　韓国政府の公式の統計によると、プロテスタントが約20%、仏教が約16%、カトリックが約8%で、無宗教が約56%です。

16

묘

>>>> **韓国のお墓はどのようなかたちでしょうか？** >>>>

お墓

　韓国のお墓は石塔中心の日本の墓とはだいぶ違いますが、二つに大別することができます。

　一つ目は、山の斜面にこんもりと土が盛られているタイプ（いわゆる土饅頭）です。この土饅頭の下には土葬された遺体が眠っています。このタイプの墓は儒教式が基本になっていて、風水の良い場所に作られています。山の斜面に作られることが多く、ソウルから郊外へと続く道沿いにも見ることができます。故人一人につき一つの土饅頭が基本で、根底には死後は土に還るという考え方がありました。

　この伝統的なタイプへのお墓参りは次のような感じです。まず、墓に到着すると、雑草を抜き、墓石を拭き、墓をきれいにします。その後、酒と果物などのお供え物を供え、墓の前に一列に並び、跪いて礼をします。これは土下座のように見えますが、謝罪をしているわけではなく、故人を敬うための礼です。その後、墓の前で家族や親戚と語らいの時間を持ちます。

　二つ目は、納骨堂のタイプです。2000年を過ぎたあたりから、土地不足や地価高騰、墓地管理の負担増大等により、かつて仏教式と考えられていた火葬が主流になりました。火葬の場合は骨壺に納められた遺骨を安置するための空間が必要になりますが、親戚共同の納骨堂や、ロッカー式の納骨堂が普及してきました。

　お墓が社会の変化を映し出しているといえるでしょう。

樹木葬も一定の支持があります。これは火葬後の灰を土に返し、そこに樹木を植えるというものです。

17 서울

>>>> ソウルには何があるでしょうか？ >>>>

ソウル

韓国の首都はソウル（서울）です。ソウルが首都になったのは1300年代、当時は漢陽（한양）という名前で、1390年代末に漢城（한성）と改称されました。その後、京城（경성）と呼ばれた時代を経て、1946年以降、ソウルとなりました。

現在、ソウルには韓国全人口の5分の1にあたる約1千万人が住み、韓国の政治・経済・文化の中心地ともなっており、極端な一極集中型都市でもあります。ソウルは、街の中心を流れる川、漢江（한강）を境に、北側は江北、南側は江南と呼ばれています。最初に発展したのは江北地域で、王宮などの史跡や伝統的な家屋が残り、また、青瓦台や国会議事堂など、政治にかかわる機関が集中しています。一方、江南地域は1988年のソウルオリンピックを境に急激に発展し、大型の公共施設や商業施設、新興住宅が多い地域です。555mの超高層ビルであるロッテワールドタワーは、江南発展の象徴といえるかもしれません。

また、ソウルは都会でありながら、国立公園でもある北漢山（북한산）、ソウルのランドマークでもあるNソウルタワーがある南山公園、夏の夜には多くの人が涼む漢江公園、都会のオアシスと呼ばれる清渓川（청계천）、お花見の名所でもある汝矣島（여의도）公園など、自然に親しむことができるスポットが多いのも魅力です。ソウルは、伝統と流行、都会と自然、どちらも体験できる街なのです。

首都であるソウルは、四方を山に囲まれた、風水的に良い場所だとされています。

18 명동

>>>> 明洞_{ミョンドン}はどんな街でしょうか？ >>>>

明洞 <ruby>明洞<rt>ミョンドン</rt></ruby>

　世界でもっとも有名な韓国の繁華街は、明洞（명동）でしょう。明洞は韓国一のショッピング街です。ファッション関係ならありとあらゆるブランドが明洞に集まっており、ここに来れば様々な価格帯のものをなんでも買うことができると言われています。

　午前中は閑散としていますが、お昼ごろから人が集まり始め、夕方から午後8時ごろにかけて多くのショッピング客でにぎわいます。特に週末のにぎわいは一見の価値があります。通りには人、人、人。また、世界中から観光客が来るので、日本語はもちろん、中国語や、英語など様々な外国語が飛び交っています。道には屋台もたくさん出ていて、ショッピングだけでなく、韓国の屋台も楽しむことができます。

　また、韓国を代表するデパートであるロッテデパートと新世界デパートの本店がそれぞれあります。どちらも高級品を多数扱っています。新世界デパート本店は、日本の植民地時代に三越京城店として使用されていた建物を今でも使用しており、独特な雰囲気を味わうことができるでしょう。また、その近くには韓国の中央銀行である韓国銀行や、中央郵便局等もあります。明洞エリアには韓国カトリックのシンボルである明洞聖堂もあります。韓国ナンバーワンの繁華街であり、また韓国経済の中心ともいえる明洞の地価はもちろん韓国一です。

　明洞はショッピングの街なので、レストランなど飲食店は路地裏やビルの2階などにあることも多いです。

19 홍대

>>>> 弘大_{ホンデ}はどんな街だと思いますか？ >>>>

ホン デ

弘大

19

　美術分野が有名な弘益（홍익）大学周辺に位置する弘大（홍대）エリアは、アートや音楽などの創作活動を行う若者たちが集まるサブカルチャーの発信地といえます。

　おしゃれなカフェやレストランなどが数多く建ち並び、自由闊達な雰囲気を醸し出しています。美術学院通り、ピカソ通り、クラブ通り、歩きたい通り、などの個性的な名前の通りがあり、イベントやパフォーマンス、フェスティバルなどが連日繰り広げられています。ここに来れば、韓国の若者文化を感じることができるでしょう。また洋服、アクセサリーなどのファッション関係の店や雑貨店、韓国コスメショップも多く、ショッピングを楽しめます。

　最寄り駅は、地下鉄2号線と空港鉄道が乗り入れる弘大入口駅。日が落ちれば、ソウル屈指のクラブタウンに姿を変え、街中からさまざまなジャンルの音楽が溢れ出します。また、さまざまなインディーズバンドのライブコンサートが開かれ、多様な音楽ファンが集まります。

　弘大周辺には弘益大学、梨花女子大学、西江大学、延世大学があり、キャンパスに自由に入ることができます。また、韓国の学生街を探索し大学生文化を体験したり、深夜まで楽しめるスポットも多く、エネルギーあふれる若者の街を満喫できます。

春から秋にかけて毎週土曜日に開かれるフリーマーケットは「誰でも気軽にアーティストになれる」がコンセプトの芸術市場です。

20 경복궁과 주변

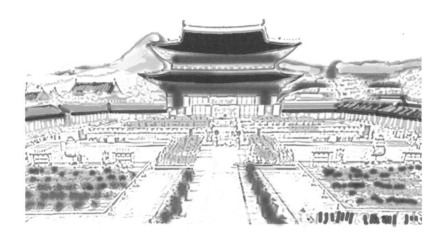

>>>> ここは誰が何をしていた所でしょうか？ >>>>

景福宮とその周辺

　ソウルは一見すると、近代的な建物が多い都会ですが、王宮や伝統的な建物も数多く残っています。市内には、朝鮮時代（1392〜1910年）に建造された王宮がありますが、最もよく知られているのが、景福宮（경복궁）です。景福宮では、当時の王の執務や生活の様子をうかがい知ることができます。他には、ユネスコ世界遺産に登録され、景福宮の離宮として造られて一時期は正宮としても使われた昌徳宮、王宮の中では唯一平地に造られた徳寿宮などがあります。また、王や王妃を祀った霊廟である宗廟もあり、毎年5月には祭礼儀式が当時のままの形で再現されます。宗廟もユネスコ世界遺産です（これら文化財には日本語の無料ガイドもあり、近くのお店でレンタルした伝統衣装を来て行くと、入場料が割引になります）。

　伝統的な街の雰囲気を味わいたいなら、仁寺洞（인사동）と北村（북촌）がお勧めです。仁寺洞は、韓国の昔ながらの家と現代的な建物が並ぶ通りで、骨董、韓紙、伝統的な模様の小物を売るお店や伝統茶を飲むことができるカフェもあります。北村は韓屋が連なって残っている街並みで、散歩しながらレトロな雰囲気を楽しむことができます。現在も、その韓屋で人々が生活しています。

　王宮と仁寺洞、北村は歩いて行ける距離にありますので、一緒に回ると、朝鮮王朝時代を感じることができます。

昌徳宮には、日本の宮家から李王朝最後の皇太子に嫁いだ李方子妃が暮らした建物が残っています。

21 시장

>>>> ソウルの代表的な市場の名前、知っていますか？ >>>>

市場

　皆さんは外国の市場を訪ねたことがあるでしょうか？スーパーやコンビニは便利ではありますが、日本と大きな違いはありません。しかし市場を訪ねると、人々の暮らしを五感で感じることができます。ここではソウルの代表的な市場を紹介しましょう。

　ソウルの二大市場といえば、南大門市場（남대문시장）と東大門市場（동대문시장）です。それぞれ南大門（崇礼門）と東大門（興仁之門）の近くに広がる市場です。南大門市場は、高麗人参や松茸、海苔など韓国の特産物、眼鏡や革製品など外国人に人気のある韓国製品、世界各地の化粧品や雑貨などの輸入品を多く扱います。日本語も比較的よく通じます。

　東大門市場は広大で、場所により様々な品目が扱われていますが、中心は衣料品です。中心部にはDOOTA（두타）やMigliore（밀리오레）といった大型ファッションビルが立ち並んでいます。ビルの中は10代〜30代をメインターゲットとした小さなお店が軒を連ねており、オリジナルデザインのものも豊富にあります。ビルの入り口付近に設置されているステージではミニコンサートが開かれていることもあります。これらのファッションビルは24時間営業ですが、最もにぎわうのは夜間です。昼ではないかと錯覚するほどの人出で、韓国国内、また世界各地から買い付けに来たバイヤーの姿もあります。ここに来ると眠らない街を体感できます。

東大門市場周辺では中華料理、ロシア料理、中央アジア料理、インド料理など世界各地の本物の味を楽しめます。

22

한강 공원

>>>> 韓国の人は漢江公園で
何をして楽しんでいるのでしょうか？ >>>>

漢江公園
<ruby>漢江<rt>ハンガン</rt></ruby>

　韓国を代表する川である<ruby>漢江<rt>ハンガン</rt></ruby>（한강）は、全長５１４キロほど
で、ソウルの中心を東西に流れています。漢江沿いには計 12 ヶ所
の市民公園があり、それぞれトゥクソム漢江公園、<ruby>汝矣島<rt>ヨ イ ド</rt></ruby>漢江公園
のように名前が付けられています。一人で涼むもよし、家族や友達
同士で散歩するもよし、恋人とのデートを楽しむもよし、漢江沿い
の空間は人々が集う安らぎの場として愛されています。

　漢江公園にはレジャーシートを広げて憩うことのできる広々とし
た芝生があります。天気が良い日には、近くの売店で好きな物を
買って持ち込んだり、チキン（치킨）とメクチュ（맥주：ビール）
（この組み合わせを「チメク」と略して言います）を出前で届けて
もらって楽しみながら、のんびりとした時間を満喫することができ
ます。また、運動器具やサイクリングロードも整備されています。
夜になると夜市が開かれ、色々な国の料理を味わえる移動販売車や
雑貨のお店がずらりと立ち並びます。遊覧船に乗ってクルーズしな
がら漢江の夜景を楽しむこともできます。

　漢江では季節ごとに様々なイベントが行われ、春には桜や菜の花
の「花祭り」、夏には巨大な屋外プール、秋には「ソウル世界花火
祭り」等を楽しむことができます。不定期にライブ公演が行われる
こともあります。

漢江には、水面上 2.7m のところに<ruby>潜水橋<rt>チャムスギョ</rt></ruby>があり、増水時には水没
することもあります。

23 부산

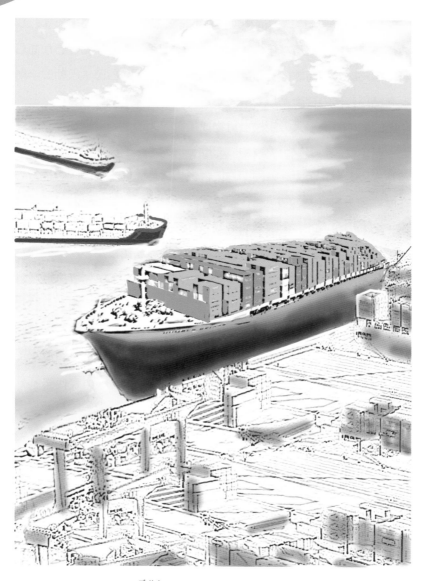

>>>> 釜山港はどのような機能を
持っていると思いますか？ >>>>

　釜山（プサン）（부산）は、韓国南東部に位置する韓国第2の都市です。ソウルを東京に例えるなら、釜山は大阪に例えることができるかもしれません。対馬海峡に面した港湾都市で、古くから日本と朝鮮半島とを結ぶ交通の要衝として栄えてきた重要な経済都市です。

　釜山港は韓国最大の規模と貨物取扱量を誇る港で、現在では世界トップクラスのコンテナ貨物におけるハブ港へ成長しており、世界各地からのコンテナを韓国国内に輸送したり、日本や中国の地方港向けに積み替えたりする拠点となっています。また釜山国際旅客ターミナルからは、大阪港や博多港などの日本各地への定期航路が就航しています。地理的にも日本と近く交流が密接だったせいか、1960年代以前に生まれた人々にとって日本語はかなり身近な外国語だったという話もあります。

　釜山は韓国最大の港町で、活気に溢れています。観光客に人気の海雲台（ヘウンデ）（해운대）海水浴場や、釜山世界花火大会が開かれる広安里（カンアンリ）（광안리）海水浴場などが有名で、海岸絶壁にある龍宮寺（ヨングンサ）、新鮮な海産物が揃うチャガルチ（자갈치）市場などの多くの名所があります。また大規模ショッピングセンターであるセンタムシティがあり、ショッピングにも便利です。なお、毎年開かれる釜山国際映画祭には世界中から映画ファンが集まり、注目を集めています。

釜山の名物には、豚骨スープを用いたテジクッパ（돼지국밥）、ミルミョン（밀면：小麦粉で作った冷麺）などがあります。

各文中の下線部を他の前置詞句に言い換えてみましょう。

1. Esta empresa quebró <u>como resultado de</u> la crisis financiera.
   この企業は金融危機のため倒産した。

2. Nada es permanente <u>excepto</u> [<u>salvo</u>] el cambio.
   変化を除いて何も永久的ではない。

3. <u>Después de</u> tres años los dos volvieron a encontrarse en este café.
   3年後にその二人はこのカフェで再び出会うことになった。

4. Hay que hacer un gran esfuerzo <u>con objeto de</u> alcanzar la meta.
   目標を達成するために大変な努力をしなければならない。

5. El baño está <u>al fondo del</u> pasillo.　　トイレは廊下の奥にある。

6. Este decreto entrará en vigor <u>a finales de</u> octubre.
   この政令は10月末ごろに発効するだろう。

7. Eso está <u>en presencia de</u> todos.　　それはみんなの目の前にある。

8. Suelo comprar libros <u>por medio de</u> Internet.
   私は普通インターネットで本を買う。

9. Estuvimos en Lima <u>durante</u> cinco días.　　私たちは5日間リマにいた。

10. Este programa comienza <u>desde</u> hoy.　　この番組は今日から始まる。

11. Fueron de excursión <u>pese al</u> mal tiempo.
    彼らは悪天候にもかかわらず遠足に出かけた。

12. Me voy a presentar al examen final <u>a comienzos del</u> próximo mes.
    私は来月初めに最終試験を受けるつもりだ。

13. Ayer se suspendió el partido <u>debido a</u> la lluvia.
    昨日試合は雨のため中止になった。

14. Mis abuelos viven en una casa <u>junto al</u> parque infantil.
    私の祖父母は子ども公園のそばの家に住んでいる。

15. No sé nada <u>sobre</u> este asunto.　　私はこの件について何も知らない。

a consecuencia de / al cabo de / a excepción de / a fin de / al final de / a fines
de / a la vista de / a través de / a lo largo de / a partir de / a pesar de / al lado
de / a principios de / a causa de / acerca de

24 제주도

>>>> 済州島(チェジュド)には何があるでしょうか？ >>>>

済州島
<ruby>済州島<rt>チェジュド</rt></ruby>

　朝鮮半島の南西部の沖合に<ruby>済州島<rt>チェジュド</rt></ruby>（제주도）という火山島があります。日本からは長崎県の平戸から西に240キロほど行ったところにあります。長崎県の西に位置していることから、温暖な気候であることは容易に想像できると思います。済州島は「韓国のハワイ」とも言われるリゾートアイランドで、新婚旅行客も多く訪れます。海には珊瑚礁が広がっていてシュノーケリングが楽しめるほか、白砂のきれいなビーチもあります。それに加えて、韓国最高峰<ruby>漢拏山<rt>ハルラサン</rt></ruby>（한라산）もあります。噴火口や鍾乳洞は火山島ならではの見どころです。温暖な気候なので、ミカン栽培も盛んです。

　この島は<ruby>高麗<rt>コリョ</rt></ruby>時代以降、朝鮮半島統一国家に組み込まれましたが、その後も長く自治を行い、独自の文化を保ってきました。強風に耐える家々の石垣や、黒豚料理など朝鮮半島とは異なる文化があります。

　済州島は昔から<ruby>三多島<rt>サムダド</rt></ruby>（삼다도）と言われ、石（火山島なので）、風（海に囲まれた島なので）、女性（男性は漁に出かけ帰らぬことが多いので）が多い、環境の厳しい土地というイメージがありましたが、現在ではその厳しい自然条件がかえって観光資源になっています。2019年の統計では、一日平均約4万人が訪れたそうです。皆さんも、日本から近いリゾートアイランド、済州島に遊びに行ってみるのはいかがでしょうか？

　済州島のシンボルは、おじいさんをユーモラスにかたどった石製人形のトルハルバン（돌하르방）です。

25

세계유산

>>>> 新羅の都はどこにあったのでしょうか？ >>>>

世界遺産

　ここでは韓国を代表する古都・慶州（경주）と、朝鮮時代の城郭のある水原（수원）について紹介します。

　朝鮮半島南東部に位置する慶州はかつての新羅（신라）の都で、日本の京都や奈良のように数多くの歴史的遺物に触れることができます。韓国の主要都市からのアクセスもよく、釜山からは KTX（高速鉄道）で約 30 分程度です。新羅の仏教文化を代表する文化財である仏国寺と石窟庵は、世界遺産に登録されています。新羅の華やかさをうかがわせる天馬塚古墳、新羅時代に天文台の役割を果たしたという瞻星臺、新羅の宮殿遺跡で近年夜景スポットとして人気を集める雁鴨池も見どころです。

　ソウル近郊の水原はソウルから KTX で約 30 分程度の距離で、ソウルから日帰りで行ける観光スポットです。水原華城は全長 5.7 キロの城壁に囲まれた壮大な城郭遺跡で、朝鮮王朝第 22 代王である正祖により建てられました。東西南北の四大門や水門、砲台、城内の華城行宮などが見どころです。華城行宮は正祖王の別邸で、韓国の行宮の中でも最も規模が大きく美しいと言われています。また、水原近郊に韓国民俗村があり、韓国各地の様々な伝統家屋や昔ながらの工房などが並び、古い生活用具にも直接触れることができます。伝統芸のサムルノリ（사물놀이）、馬術、伝統結婚式などのイベントも行われています。ドラマの撮影地としても知られています。

　慶州の名物には、韓定食、サムパプ（野菜包みご飯）、皇南パン（薄皮饅頭）があり、水原は水原カルビが有名です。

26

김치

젓갈
소금

>>>> 白菜キムチの作り方を考えてみましょう >>>>

キムチ

　皆さんはキムチ（김치）を食べたことがありますよね。キムチは1500年以上の歴史を持つ伝統的な食べ物で、白菜などの野菜に様々なヤンニョム材料（塩、唐辛子、魚介塩辛、ニンニクなど）を加えて熟成させた発酵食品です。昔は貯蔵技術が発達しておらず冬は野菜が貴重だったため、キムチが重要なビタミン供給源となっていました。

　キムチは、気候や地域の材料、調理や保存方法によって、その種類は300種を超え、今や韓国を代表する発酵食品となりました。キムチはビタミンのほか食物繊維やミネラルも豊富に含まれているため、代謝が良くなりダイエットに効果があります。また腸内環境の改善や美容にも効果があるということから、2006年アメリカの健康専門誌『ヘルス』で世界の五大健康食品にキムチが選出されました。一般的な白菜キムチの作り方は、①白菜を1日ほど塩に漬ける、②水で洗って塩抜きする、③ヤンニョムを塗り込んで壺に本漬けする、④そのまま4、5日ほど発酵させる。これでおいしいキムチが完成します。大多数の韓国人は毎年晩秋に大量のキムチを漬けます。これをキムジャン（김장）といい、2013年にユネスコの無形文化遺産に登録されました。また韓国ではキムチ専用のキムチ冷蔵庫も販売されています。日本の一般的な漬物と違い、韓国の食堂や学食ではキムチは無料で提供され、お代わりも自由です。みなさんも、臆せずキムチを好きなだけ食べてみてください。

キムチは、熱を加えるとより一層おいしくなるので、焼肉をする際には一緒に焼いてみてください。

27

분식

장군 분식

韓国で人気がある粉食^{ブンシク}とは
どのようなものでしょうか？

粉食
_{プンシク}

　韓国人はちょっとお腹が空いたり、時間に追われてゆっくり食事ができない時は、粉食（분식）をよく食べます。粉食とは、もともと小麦粉類で作る食べ物のことでしたが、現在はご飯類も含む簡単な食事全般を指します。粉食は子どもから大人まで幅広い層に好まれています。

　手軽に食べられる粉食には、キムパプ（김밥：韓国の海苔巻き）、トッポッキ（떡볶이：餅の甘辛炒め）、スンデ（순대：豚の腸詰）、マンドゥ（만두：蒸し餃子）、インスタントラーメン、チョルミョン（쫄면：生野菜入りのピリ辛冷製麺）などがあります。その他、薄い練り物の韓国式おでんもあります。粉食は屋台などでも簡単に食べられます。

　粉食店は普通の食堂とは違い、店内に簡単な椅子とテーブルが置かれているだけのところが多いです。粉食店の看板は一様に赤やオレンジ、黄色といった目立つ色となっているので、街を歩いているとすぐに目に入ります。店内で食べられるだけでなく、テイクアウトが可能なメニューも豊富です。メニューを注文すると、短時間で食べ物が運ばれてきます。韓国のファストフードといってもいいでしょう。

　韓国には粉食店がたくさんあり、一人でも気兼ねすることなく安い値段で庶民の味を楽しむことができます。韓国に行ったら粉食店に立ち寄ってみてください。

　韓国のキムパプには、野菜キムパプ、プルゴギキムパプ、ツナキムパプ、チーズキムパプなど色々な種類があります。

28 가정요리

>>>> 韓国の家庭でよく食べる料理
とおかずは何だと思いますか？ >>>>

　韓国の家庭では、食事をするときに色々なキムチにちょっとしたおかずを添え、チゲのような汁物とご飯を中心に食べる、というのが基本形です。

　特に、キムチチゲとテンジャン（味噌）チゲは、長く韓国の人々に親しまれ、家庭料理として定着してきました。キムチチゲは、熟成が進んだ白菜キムチと野菜、豆腐、豚肉などを鍋に入れ、煮干しからとったダシとともに煮て、コチュジャン、つぶしニンニクで味付けします。テンジャンチゲは、味噌を入れ、野菜、豆腐、魚介類などの食材を一緒に煮込みます。地域と家庭によってキムチや味噌の味は異なります。

　また、肉料理もよく食卓に並びます。韓国ではたくさんの野菜と一緒に食べるのが特徴です。肉をエゴマの葉やサンチュに包んで食べます。生の唐辛子に味噌をつけて食べることもあります。

　作り置きのおかずとしては、各種キムチの他に練り物、ちりめんじゃこや干し海老などの炒め物、各種野菜のナムル、肉や黒豆の煮物など多様です。食事の都度、出して食べます。

　食事のときには、食卓に水や麦茶、コーン茶などを出すのが一般的です。

　メイン料理は大鍋・大皿で出され、みんなで一緒に食べるのが普通です。

　地域にもよりますが、イシモチ、タチウオ、赤貝など、海産物もよく食べられます。

29

한정식

>>>> 韓<ruby>定<rt>ハンジョンシク</rt></ruby>食はどのような料理だと思いますか？ >>>>

韓定食
<ruby>韓定食<rt>ハンジョンシク</rt></ruby>

　<ruby>韓定食<rt>ハンジョンシク</rt></ruby>（한정식）とは、韓国料理のジャンルのひとつで、たくさんのおかずが食卓に並ぶ料理のことをいいます。宮廷で出されていた料理をモデルにした韓定食から、もう少し気軽に食べられる韓定食、田舎料理や精進料理の韓定食など様々なタイプがありますが、どのタイプでも様々な料理を一度で味わえるという共通点があります。

　韓定食は多くの場合、コースで出され、前菜から始まります。前菜では粥、ナムル、水キムチなどが出されます。その後、メインの魚や海老などの海鮮料理、カルビやプルコギなどの肉料理に移ります。もちろんその他にも箸休め的に様々な料理が出てきます。メインが終わると食事（식사）と呼ばれるご飯料理が待っています。韓国料理ではご飯はスープ料理とセットで出されますので、汁物が必ず付き、キムチやナムルなどと一緒に食べます。そして最後にデザートとして、果物や甘い飲み物のシッケ（식혜）や、ショウガやシナモンの香りがするスジョングァ（수정과）などが出され、食事が終わります。

　テーブルの上にはたくさんのおかずが並び、また食べ終わるタイミングを見計らって料理が運ばれてくるので、飽きることなく食事を楽しむことができます。テーブルの上に並ぶ料理で話に花も咲くことでしょう。韓国に行ったら、ぜひ食べてみてください。

　韓定食ではたくさんの料理が並びますが、辛い料理はほとんどありません。

30 중국요리

>>>> 韓国の中華料理の人気メニューは
何だと思いますか？ >>>>

中華料理

　韓国でも中華料理は人気があります。街には必ず中華料理店がありますし、どの家庭でも出前ができる中華料理店の電話番号を一つぐらいは知っています。日本でも独自の中華料理（ラーメン、天津飯、冷やし中華など）がありますが、韓国の中華料理もまた独自の発展を遂げています。その代表的なメニューは何といってもチャンポン（짬뽕）とチャジャンミョン（짜장면：ジャージャー麺）でしょう。

　チャンポンは中華料理店の定番商品です。ただ、日本のチャンポンのつもりで注文をすると驚くことになります。海鮮入りの麺料理ではありますが、色が違います。韓国のチャンポンは真っ赤なスープが特徴です。もちろんこれは唐辛子の色です。具にはイカ、貝、エビなどの海鮮に、玉ねぎ、にんじん、タケノコなどが入り、材料は日本のチャンポンと似ています。しかし、味は口がひりひりするほど辛く、もはや別の料理といえるでしょう。

　チャジャンミョンも人気です。こちらは真っ黒な麺料理です。茹でた麺に、春醤（チュンジャン）という韓国で発展した黒味噌で玉ねぎやひき肉を炒めて作ったソースをかけた料理です。やや甘めの食べやすい味で、韓国の国民食と言われるほど老若男女の支持を受けています。引っ越しが終わると、まずはチャジャンミョンを食べるというぐらい韓国の人にとって身近で親しみのある料理です。

近年、本場の羊串（양꼬치）や火鍋（훠궈）を出す中国料理店が増えてきています。こちらもおすすめです。

31 일본요리

>>>> 外国の日本食はどこか変といいますが、
韓国はどうでしょうか？ >>>>

日本料理

日本料理

　日本料理はかつては高級料理のイメージでした。高級店は店構えから立派で、個室が用意されている店が多くありました。接待や大切な日の会食などによく使われ、刺身や寿司を食べながら、ひれ酒を楽しむことができました。

　現在もそのような高級店はありますが、近年は気軽に利用できる日本料理店が増えています。例えば、ラーメン、カレー、ハンバーグのような日本でも人気のあるメニューを看板にした日本料理店が多数あります。これらのメニューは伝統的な日本料理ではなく、海外から日本に入ってきた料理が日本化し定着したものですね。こういった日本食の専門店が増えているのです。

　また、日本式の居酒屋も増えています。「いらっしゃいませ！」のあいさつや、掘りごたつ、赤い提灯など、日本的な雰囲気が強調された日本式居酒屋は、異国情緒を感じられる空間として人気があります。

　他方で最近のトレンドとして、日本食の専門店化があります。博多もつ鍋、讃岐うどん、大阪お好み焼きなど、日本各地の名物料理の専門店も登場しています。旅先で食べた「あの味」を求め、韓国のお客さんが足を運んでいるようです。韓国において、刺身や寿司に代表された日本料理は、日常的な日本食受容の時期を経て、いまや各地の名物料理専門店が受け入れられる時代になったといえるでしょう。

日本の有名カレー店、うどん店、とんかつ店なども韓国に支店を出していて、韓国の日本食のレベルは大変高いといえます。

32

술

>>>> 韓国のお酒の種類を挙げてみましょう >>>>

　韓国で一番人気がある酒は、緑色の瓶に入っていて、小さなガラスのコップで飲む焼酎（소주）です。日本の焼酎と違い、水やお湯で割ったりせずにストレートで飲みます。フルーツ味や度数が低いものもあり、特にフルーツ味の焼酎はカクテルのようで飲みやすいと評判です。値段も手ごろでスーパーやコンビニで手に入ります。焼酎には、他に、安東焼酎があります。安東焼酎は、技術保有者によって作り方が受け継がれてきたこともあり、ちょっと高価な一品です。

　焼酎同様、よく飲まれているのがビールです。日本のビールに比べると、味が軽く苦みが少ないので、お酒があまり得意でない人でも飲みやすいです。焼酎とビールを混ぜ合わせた焼麦（소맥）が人気ですが、度数が強く酔いやすいので、飲み過ぎにはご注意を。

　また、日本でもブームが起きたマッコリ（막걸리）もよく飲まれているお酒の１つです。白濁して甘く、食堂で飲む時には、やかんや壺に入って出てきます。焼酎同様、フルーツ味のマッコリもあり、女性の人気も高いお酒です。他にも、韓国特産の高麗人参を使ったお酒や果実から作られた甘いお酒もあります。

　お酒を飲み始める時には日本と同じく乾杯をしますが、１回だけではなく、途中で何度も乾杯をします。嬉しい話におめでとうの意味を込めて、悲しい話には励ましの意味をこめて乾杯します。

韓国では、酒量をたずねる時「何本いけますか?」と焼酎瓶の本数で聞くのが一般的です。

33

배달

>>>> 韓国の出前の特徴は何でしょう？ >>>>

　韓国ドラマを見ていると出前をとって食事をしているシーンがよく登場します。食事の出前をはじめ、スーパーでの購入品を宅配で受け取るなどの出前サービス全般を韓国語でペダル（배달）といい、漢字で「配達」と書きます。多くの国で出前文化は根付いていますが、韓国の出前の種類の多さ、スピード、気軽さ、安さは特筆すべきものです。

　日本でも最近では多様なケータリングサービスがポピュラーになりつつありますが、韓国の出前メニューはバラエティー豊かで、ピザやフライドチキン、中華料理、キムパプなどの軽食のほか、酒のつまみまでたくさんの種類があります。

　出前の場合、営業時間内なら深夜でも出前をしてくれる店が多く、電話１本で注文が可能です。住所と注文メニューを告げるだけで、客が望めば海辺でも公園へでも持ってきてくれます。また一人前の注文を受け付けてくれるところが多いのも魅力です。韓国では使い捨て容器も使われますが、お皿を返却する場合は洗わなくても、家の外に出しておくとお店の人が回収しに来ます。

　スピードを重視する韓国独特のパルリパルリ（빨리빨리：はやくはやく）精神と、出前できるところであれば可能な限り届けようという柔軟さとタフさが、今日の出前文化を支えているのかもしれません。

会社や学校でもよく出前をとって食事をします。ちなみに中華料理を注文すると焼き餃子などがサービスでついてくることが多いです。

34

식기

>>>> 韓国の食器の特徴は何だと思いますか？ >>>>

食器

　韓国の食器を注意して見ると、日本の食器とは様々な違いがあることに気づきます。料理を口に運ぶための食器の基本は、日本では箸ですが、韓国ではスッカラ（숟가락：スプーン）とチョッカラク（젓가락：箸）になります。セッティングにも違いがあり、日本は横向きに並べますが、韓国では縦向きに並べます。さて、初めて韓国の箸を手にすると、その重さに驚きます。箸はステンレスや銀、真鍮などの金属製で、ずっしりとした重みを感じます。木製の箸に比べるとつまみにくく感じるかもしれませんが、韓国料理ではご飯や汁物はスプーンで食べるので、実際にはそれほどの不便はありません。

　次に、器に目を転じると、ご飯を蓋つきの金属製の器に入れて出すことがよくあります。器の中は熱々のごはんですので、熱伝導性の高い金属の器は持つのが大変なくらい熱くなっていることもあります。熱い器で食事が出てくると、火傷が心配になりますね。しかしご心配なく。韓国では器は手で持たず、テーブルに置いたままで食事をするからです。ごはんやスープはスプーンですくって食べるのです。なお、チゲなどの汁物はトゥッペギ（뚝배기）という耐熱性の陶器の器で供されます。土鍋のような材質の器で、直接火にかけて調理することができます。ぐつぐつと煮立ったおいしい参鶏湯（삼계탕）やカルビ湯（갈비탕）は、トゥッペギとスプーンのおかげで、熱々のまま食べることができるのです。

　食卓には、青磁や白磁の皿が並ぶことも多いです。透明感のある皿が料理を一層引き立てるようです。

35

인간관계

>>>> 韓国人の友人関係の特徴は？ >>>>

人間関係

35

近年の日本人は個人の領域を大切にしますが、昔も今も韓国人は何をするにも友人や家族と一緒に行動をすることが多いといえます。韓国人は身内意識が強く、これは家族だけではなく、学校、会社、地域、そして国へと広がっていきます。

韓国には「ウリ」（우리）という言葉がありますが、これは日本語で「我々」「私たち」「僕ら」と訳します。家族や友だち、韓国などをいうときに、ウリをつけてウリ家族（カジョク）、ウリ友だち（チング）、ウリ国（ナラ）といいます。グループを大切にする韓国人にピッタリの言葉です。

韓国人は気が合えば親しくなるのにそれほど時間はかかりません。相手との距離感を一気に縮め積極的に仲良くなろうとし、買い物や食事、飲み会などによく誘います。親しくなると人間関係もシェアするので、友人の人間関係も自分の関係につながり、広がっていきます。

韓国人は、「皆のものは自分のもの、自分のものは皆のもの」という考え方を持っていて、仲間意識を大切にします。この考え方は、一般的に、日本人が親しい間柄であっても、互いに一定の距離を保って負担を感じさせないように配慮するのとは対照的です。

日本人から韓国人を見ると、いつもグループ行動をしていて「ベッタリし過ぎ」というイメージがあるかもしれません。

韓国人は友人の家の冷蔵庫を断りなく開けて、物を取り出したりしますが、これは親しい間柄である証です。

36

매너

韓国独特のマナーには
>>>> どんなものがあるでしょうか？ >>>>

マナー

韓国のドラマや映画で「乾杯（건배）！」の掛け声の後に、若い人たちがクルッと横を向いて酒を飲む場面を見たことがあるかもしれません。これは韓国の独特な食事の席でのマナーですが、一種の儒教的マナーということができます。朝鮮時代に儒教の考え方が社会全体に浸透し、さまざまな儒教的マナーが定着しました。ここではそれらのマナーのうち代表的なものを紹介します。

まず、嗜好品である酒やタバコのマナーから。韓国では、目上の人と酒を飲む際には、盃やグラスを口に入れる姿を見せないよう横を向きます。目上の人の正面を向いて酒を飲むことは失礼にあたります。タバコの場合はもっと厳しく、同じ席では喫煙することは基本的にありません。どうしても吸いたいときは席を外して別のところで一服して席に戻ります。また、食事の席では、目上の人が箸をつけてから食事が始まります。先に食べ始めないよう注意が必要です。

韓国の地下鉄では、車両の両端に交通弱者席があります。ここには若者が座ることはめったにありません。社会道徳として、お年寄りなどがいつでも気兼ねなく座れるよう空けられています。

その他、目上の人と同行するときも決して前を歩かず後ろをついていくことなど、目上の人に対するマナーがいろいろあります。

言葉の使い方として、家族間でも子どもが親に対して尊敬語を使うことが基本になっています。

37

스킨십

韓国で握手はどのような
場面ですると思いますか？

スキンシップ

　韓国ではカップルだけでなく、同性の友人同士でもスキンシップをすることが日本に比べて多いです。韓国の街を歩いていると、カップルが公共の場でも人目を気にすることなく大胆なスキンシップをしたり、女性同士で腕を組んだり、手をつないだりする姿をよく見かけます。男性同士の場合は手をつなぐことはあまりないですが、街を歩きながら、あるいは酒席などで肩を組むことはよくあります。日本ではいくら仲が良くてもこうしたスキンシップをすることはあまりないですが、韓国では至って普通の光景です。

　握手はどうでしょうか。韓国ではごく一般的な通常の挨拶といえます。男性同士だと、ビジネスの場面やこれから親しくなろうとする相手に行うことが多いです。また、握手をするのは初対面に限りません。仕事関係や親睦会など、日常的に会う場面でも握手することがよくあります。ただし、異性間ではあまりしません。また女性同士の場合、握手は必ずしも一般的ではありません。

　韓国人は、家族間でもスキンシップをすることが多いです。家族同士が自分の気持ちを隠すことなく愛情を込めてハグし合うなど、感情を素直に表そうとします。家族と久々に再会した時や離ればなれになる時、あるいは苦しい時や悲しい時に、韓国では親や兄弟姉妹に自然に寄り添う光景をしばしば目にします。

　韓国では男性同士で肩を揉んだり、手や腕、膝に触れたりすることが多いです。韓国人にとってはそれが親しみの表れです。

38

연애

ことわざ「＿＿て倒れない
木はない」の＿＿に入る言葉は？

恋愛

　韓国の恋愛は多くは男性主導で、女性から告白をすることはほとんどなく、女性は受け身の場合が多いです。韓国人男性はとにかく押しが強く「10 回打って倒れない木はない」という諺の通り、断られても何度も挑戦します。女性は逆に自分を軽く見られないように、誘われたら一度目は必ず断ります。この事情を知らない外国人男性の場合、断られたことに落胆して次の誘いを待つ韓国人女性と永遠の平行線になることもしばしばあります。また外国人女性は、韓国人男性の諦めない誘いを断り切れずに花束を受け取ってしまい、相手を勘違いさせてしまうこともあるようです。

　恋人同士になると、韓国人男性はイベント上手の手腕を発揮し、記念日はもちろん何でもない日にも、サプライズで花束や香水をプレゼントして女性を喜ばせます。ペアルックでの愛情表現、一日に何度も電話や SNS での連絡も必須です。連絡頻度は愛情のバロメーターなので、怠ると大ゲンカに発展するのは愛情が深いことの表れかもしれません。

　また、デートのとき男性は必ず女性のカバンや荷物を持ち、レディーファーストを徹底します。デートの後は家まで送ることで、少しでも一緒に時間を過ごそうとします。しかし熱しやすく冷めやすい性格のせいか、男性が兵役に服している間に別れてしまうカップルが多いのも現状です。

　韓国では記念日アプリを利用して、カップル 100 日記念日、1000 日記念日など、二人だけの記念日を忘れないようにします。

39

성형

>>>>> 韓国の人は整形について
どのように考えているでしょう？ >>>>>

整形

　皆さんは、美容整形についてどんなイメージを持っていますか？

　日本では、外見に関する話題や指摘はデリケートな部分があり、美容整形についても「費用が高い」と思う人も多いでしょう。韓国では、美容整形の話題も友人同士で普通に交わされます。また、バスや地下鉄などで著名な外科医を登場させた広告や、術前術後の写真もよく見られます。

　韓国では内面と共に外見も重要視され、容姿が悪いと将来において不利だと考える傾向があります。整形する理由の一つに、外見で自己価値を上げるという考え方も浸透していると言われています。

　整形についてはかなりオープンで、「大学入学前に親がプレゼントする」というケースも多く、さほど珍しくありません。大学修学能力試験（日本の大学入学共通テストにあたる）が終わる頃には高校生向けの特別割引もあります。また、年配の方や男性でも整形する人がいて、社会人が連休を利用して整形することも既に日常化しています。韓国のあるアンケートによると、「ナチュラルであれば整形したかどうかは問題ではない」と答えた人が半数を超えたという結果が出ました。

　整形大国である韓国ですが、日本や中国からも美容整形をするために韓国を訪れる人も多いことから、医療通訳コーディネーターのサポート体制が整っているところも多くあります。

> 韓国では、写真館で証明写真を撮ると、小顔や美白、目元の補正などをしてくれます。

40

미용

>>>> 肌のお手入れといったら、何をしますか？ >>>>

美容

　韓国人、特に女性は肌がきれいな人が多い印象があります。一説には、韓国料理に欠かせない唐辛子の成分であるカプサイシンが代謝をよくするので、皮膚にもよい影響があるとか、キムチのような発酵食品や焼肉を食べる時に、たくさんの種類の野菜を摂取することから、美肌につながっていると言われています。このような食事は体の中から美肌を作っていますが、韓国の人たちは、外側からのケア—肌のお手入れも熱心にしていると言われています。

　肌のお手入れというと美容整形外科で行うイメージがありますが、病院の皮膚科ですることも多いです。お手入れの内容は、皮膚の老化を抑制する注射やレーザーを使ってシワやしみを除去するものから、普段のスキンケアまで様々です。日本でレーザー治療というと高額なイメージがありますが、韓国では値段も安いので気軽に行くことができます。最近は、女性だけではなく、男性も肌のお手入れをする人がいて、カップルで受診したりもするそうです。肌をきれいに保ちたいという理由だけではなく、身だしなみのひとつとして捉えられているのでしょう。

　手軽な肌のお手入れとしては、多くの人が日常的に顔のパックをしたり、クリームなどで入念にスキンケアをしたりしています。韓国のパックは種類が豊富で質もよいと評判で、外国人観光客がたくさん買っていく、お土産の一つにもなっています。

チムジルバン（→ P.21）で垢すりコースを頼むと、サービスで、すりおろしたきゅうりを使ったパックもしてくれます。

41

한방

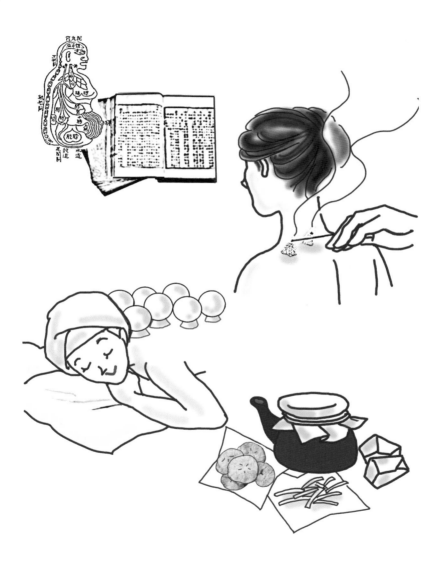

>>>> 漢方を韓国では何と呼んでいるでしょうか？ >>>>

　日本では漢方というものがありますが、韓国ではそれを韓方（한방）といいます。日本の漢方と意味はほぼ同じですが、古代中国の医学を基礎に、韓国の風土や気候、韓国人の体質に合わせて発展したものです。中国伝来のため「漢方」「漢医学」とも呼ばれていましたが、韓国独自であるという点を明確にすべく、1986年の医療法改正で「韓方 ハンバン」「韓医学（한의학） ハ ニ ハ ク」へと名称変更されました。

　現在の韓国の医療は、西洋医学と韓医学の二本立てです。大学には、韓医師 ハ ニ サを育成する韓医学部が設置され、西洋医学の医師と同様に6年間の教育を受けます。韓医師は、韓医師資格と共に鍼灸師の資格を持ち、鍼灸術と生薬を併用して治療を行います。

　韓医学は、韓方薬と薬鍼療法においては天然物を用いて治療を行います。鍼、灸、カッピング、中国式整体などでは、自然治癒力を高めて、バランスを整え、健康な状態に回復させます。また、医学に限らず化粧品、食品などをはじめとする美容やダイエットなどの分野でも様々な産業を活性化させています。最近は美容やダイエットに効果のある韓方薬を求めて、韓国を訪れる外国人観光客も増えているようです。

　世界的に知られている韓国の「高麗人参」ですが、数種類ある中で、最近は高級品の「紅蔘 ホンサム」が特に万人に効くと言われ、人気があります。

　韓方薬といえば、ソウルの京東市場 キョンドンシジャン（경동시장）が有名です。ほとんどの店には韓医師がいて、客に合った韓方薬を処方してくれます。

42

점

占い

　日本人には占い好きな人が多いと思いますが、韓国人も占いが好きな人が多いです。好きというよりは、人生の節目に占いを利用する人が結構多いという方が正しいかもしれません。

　街中に小さなテントを張って占うものもあれば、占いカフェといった、気軽に安く利用できるところもありますし、一軒家で装束を身にまとった占い師が占ってくれるものもあります。観光客が多い場所では、占いに通訳がついてくれることもあります。

　占う内容は、新年に行う１年の家族の運勢にはじまり、恋愛、就職、商売、人間関係など、日本と同じですが、特に多いと言われているのが結婚です。しかも、本人たちが占ってもらいに行くというよりは、親が、自分の息子・娘の結婚相手としてふさわしい人物なのか、相性がいいのかどうかを占ってもらうことが多いようです。そこでもし悪い結果が出た場合、それを理由に親が反対して結局別れてしまうカップルもいるほどです。

　占い師が書いてくれたお札は、お守りにするほか、家の中に貼ったりもします。これは、家の中に悪いものが入ってこないようにするという意味があります。

　歴史を題材にしたドラマの中でも、王や王妃が占い師に頼る場面がでてきます。国政を左右するほどの影響力を持っていた占いは、現在、個人の人生に大きな影響を与える存在になっています。

　韓国では、唐辛子、小豆、桃の木のような赤い物は、邪気を払うと言われています。

43 과외

>>>> 韓国の高校生は、一日に
どれぐらい勉強していると思いますか？ >>>>

課外学習

　皆さんは小中高校生時代、放課後にはどんな習い事や部活をしていましたか？日本も子供の頃からたくさんの習い事をしますが、韓国も同じです。小学生の中には、週5日、スポーツ、芸術、勉強などの習い事に行く子どももいます。

　中高生になると勉強の比重が高まります。日本の中高生の中には、放課後、部活、特にスポーツ系の部活に参加している人が多いと思います。韓国にも部活がありますが、参加する人はごくわずかです。スポーツに秀でた人は、最初からスポーツ選手を育成するための学校に行くため、一般の高校にスポーツのスター選手候補がいるということはありません。

　では、韓国の高校生たちが放課後に最も多くしていることは何でしょうか？それは勉強です。韓国には厳しい受験があるので、皆、放課後、学校に残って課外活動として遅い時間まで勉強をするのです。実は、韓国の高校生は朝も始業前に来て勉強しているので、朝から晩まで一日中勉強をしているといえます。

　この状況を改善しようと、放課後の勉強を禁止する措置も取られるようになってきました。しかし、それで勉強せずに家に帰ってのんびりするのではなく、その分、図書館や塾で勉強しているのです。ほとんどの人は熱心に勉強していますが、中には、友だちがいるから残る人もおり、勉強は友だち付き合いのツールにもなっています。

　韓国発祥のテコンドーと日本発祥の剣道は、課外学習として、子どもたちに人気があります。

44 수험

>>>> 受験生にどんなプレゼントをすると思いますか？ >>>>

受験

　韓国の受験戦争の厳しさはよく知られています。韓国は高校まで受験がないので、初めての受験が大学受験となります。国公私立関係なく、大学を志望する人のほとんどが、毎年 11 月の 2 週目の木曜日に行われる大学修学能力試験、通称、修能（수능）を受験します。この受験結果によって入学する大学、果てはその後の人生までもが決まるといわれており、まさに人生をかけた大一番です。そのため、本人はもちろんですが、親や家族、先生たち、高校の後輩たち、そして、韓国社会全体が修能に協力します。

　受験前には、後輩が、受験する先輩にトイレットペーパー（問題がよくとける）やフォーク（正解をさす）などをプレゼントしたりします。受験当日は、受験会場となる学校の前に後輩たちが集まって先輩を応援したり、簡単に食べられるものをプレゼントしたりします。そして、親は会場の門に飴や餅をくっつけてお祈りをします。飴や餅には、くっつく＝落ちないという意味が込められています。また、リスニングの時間には飛行機の発着を止め、交通機関の混雑緩和のために会社の出勤時間を遅らせたり、会場に遅れそうな受験生をパトカーやバイクで送ったりということもします。こういった対応をとることからも韓国社会における受験の重大さが分かります。

　厳しい現実に苦しむ若者たちも多いことから、行き過ぎた学歴社会を変えようという声が上がっていますが、実現は難しいようです。

　韓国の人が誕生日に必ず食べるのがわかめスープですが、受験の朝には絶対に食べません。わかめは「滑る」からです。

45 캠퍼스라이프

>>>> 韓国の大学祭ではどんな
ことをすると思いますか？ >>>>

キャンパスライフ

　韓国の大学は３月に開講され、新学期の週末になると、男女を問わずMTに行く人が多いです。MTとは「Membership Training」という意味です。学部、学科、あるいはサークル単位で週末に１泊２日程度の旅行に行き、ペンションに泊まり、友人や先輩、後輩との交流を深めるというものです。また韓国の大学は日本と違い、長期の休みに入ると寮が使用できなくなるので、実家に帰るか、海外に語学研修に行く人もいます。

　韓国の大学生の特徴として、公務員試験準備や留学のために休学をする学生が多いことも挙げられますが、特に大学１、２年の男子学生は、軍に入隊するために休学するケースも多いといえます。CC（Campus Couple）は、同じ大学に通っている学生カップルのことですが、男子学生が軍隊に入るとほとんどは別れてしまいます。

　また韓国の大学では、年２回、５月と１０月頃に大学祭が開催されます。大学祭は平日に開かれ、期間中でも大学の講義は通常通り行われます。日が暮れると学生が出す屋台で食べ物や飲み物を楽しめます。大学祭に欠かせないものといえば、今をときめくスターたちの公演です。人気歌手やアイドルグループが来てコンサートを行いますが、呼ばれるスターによって学校の人気にも影響があると言われています。韓国の大学祭に合わせて韓国に行ってみるのはいかがでしょうか。

> 韓国の大学では、試験期間中、図書館を24時間開放しています。なお、驚くべきことに、閲覧室はほぼ満席です。

46

만남

>>>> 韓国の大学生はどのような
出会い方をしているのでしょうか？ >>>>

出会い

　韓国の大学は３月になると、新入生が入ってきます。新入生はこれから始まる大学生活にわくわくしながらも新たな出会いに心を弾ませます。また、在学生も新学期が始まるとフレッシュな気持ちになり、多くの学生が出会いを求めます。

　では、韓国の大学生は、どのように出会いの場を見つけているのでしょうか？韓国らしい出会いの方法として、ミーティング（미팅）とソゲッティング（소개팅）があります。

　韓国では合コンのことをミーティングといい、２対２や３対３などの少人数ミーティングと１０人以上の男女同士で会うグループミーティングがあります。グループミーティングは別の大学や別の学科との間で行われるのが一般的で、カフェなどで会います。自己紹介の後、みんなで話をして、気に入った相手がいたら連絡先を交換します。大人数であれば、お互いの持ち物を一つずつ出し、くじ引きのような形で引いてペアを作ることが多いです。

　ソゲッティングは、ソゲ（紹介）とティング（ミーティングのティング）を組み合わせた言葉で、１対１で会います。先輩や後輩、友人が知り合いの中でよく似合いそうな人を紹介するスタイルです。以前は、相手の顔を知らないままソゲッティングに行く楽しみがありましたが、今はインスタグラムなどのSNSを通じて、会う前に相手の顔や趣味、日常生活などを確かめてから行くことが多いです。

　ミーティングやソゲッティングで一度会った後に、またデートをすることをアフターといいます。

47

스펙

韓国の大学生は就職に備えて
どんな準備をしているのでしょうか？

スペック

　韓国はよく競争社会と言われます。大学生たちも就職にあたり厳しい競争を経ることになります。その中で、自分の持つ能力を示す必要がありますが、就職活動のときに必要なスキルや自分の持つ資格などのことを「スペック」と言います。スペックには、出身大学、学業成績（GPA）、TOEIC などの点数、海外語学研修経験、インターン、各種資格などがあげられます。

　韓国は古くから学歴、特に学閥社会の傾向が根強く残っており、大学受験生は可能な限りソウルの大学を目指すことが多いです。そして、厳しい受験を終えて大学生になっても落ち着く間もなくよりよい就職のためにきちんと成績管理をし、外国語力向上、海外語学研修、インターンの経験といったスペックを積み上げていきます。そのためにはお金と時間がかかるため、休学をする学生も少なくありません。就職活動をして２～３年経っても就職先が決まらない就職浪人も増えています。

　スペックを磨くには、家の経済力も重要になります。韓国では若者の流行語として「スプーン階級論」がよく話題に上ります。スプーンを、金、銀、銅のスプーンに分け、階級を示します。さらにそれにも入らない最下層を、土（泥）のスプーンに例えます。自分の努力より親の財力で人生が決まってしまうと考える若者が多いということかもしれません。

　韓国では新卒学生の就活は4年次の秋学期から始まるのが一般的で、就職先が決まったら、すぐに仕事が始まることが多いです。

48

한류 붐

2000 年代前半の韓流(ハンリュウ)ブームでは
どんなものが人気であったと思いますか？

<ruby>韓流<rt>ハンリュウ</rt></ruby>ブーム

　日本での<ruby>韓流<rt>ハンリュウ</rt></ruby>ブームは、どのように広がっていったか知っていますか？ 2003 年頃から韓国ドラマ『冬のソナタ』の放送が契機となって第１次韓流ブームが始まりました。同ドラマの主演俳優ペ・ヨンジュンの愛称から「ヨン様ブーム」とも言われ、中高年の女性がブームのけん引役となりました。次いで、ドラマ『宮廷女官チャングムの誓い』が放送され、中高年の男性ファンも増えました。

　2010 年頃から東方神起、少女時代、KARA など、K-POP に代表される第２次韓流ブームが起こりました。スーパーなどで韓国の食材が並ぶようになったのもこの時期からです。

　第３次韓流ブームは 2017 年から始まったと言われています。その特徴は、若者を中心に K-POP をはじめ、グルメ、ファッション、コスメなどが広がり、日常生活に定着したことです。K-POP がリードする韓流の広がりは、すでにアジアを超え世界のエンターテインメント業界でも注目されています。

　このような韓流ブームによって韓国が身近になり、韓国語学習の拡大や往来の増加といった波及効果がもたらされています。現在では SNS や YouTube で世界の人々がコンテンツに時間差なく接することで、ファンが増え続けています。これからもいろいろな形で韓国の文化を楽しむ人々が増えていくことでしょう。

東京の新大久保にはコリア・タウンがあり、韓国グルメやコスメなど、韓国にいるかのような体験ができます。

49 한국 영화

촬영실습

韓国映画の評価が高い理由は
どこにあると思いますか？

韓国映画

　韓流というと、特に若い人の間では K-POP が主流となっていますが、映画も評価の高い優秀なコンテンツと見なされ、世界中に輸出されています。米国・アカデミー賞で作品賞をはじめ４冠を達成（2019 年『パラサイト』）、世界三大映画祭（ベルリン、カンヌ、ヴェネツィア）で最高賞（2012 年『嘆きのピエタ』、2019 年『パラサイト』）を受賞していることからも評価の高さがわかります。その他、監督賞や女優賞もありました。特に、アカデミー賞での受賞は、アジア映画で初の快挙であり、「米国映画の祭典」と言われる中で受賞したことで、その質の高さを世界に知らしめることになりました。

　韓国映画も他の国の映画同様、様々なジャンルがありますが、実話を基にした作品や北朝鮮との関係をテーマにした作品が多いことが特徴の一つといえます。そして、俳優・女優たちの演技力の高さと、映画製作の技術的な面に対する評価も非常に高いものがあります。その要因として、大学に映画、演技、映像、演出などを学ぶ学科があり、専門的に学んでいる人たちが多いことが挙げられます。

　韓国で映画は人気娯楽の１つです。朝イチの上映は格安など、料金体系も様々で、日本より各段に安いため、若い人たちもよく映画館に行きます。日本語字幕付きの韓国映画の DVD もたくさん出ています。韓国語そして韓国社会を知るよい題材ですから、興味ある分野の作品から手に取ってみるのはどうでしょうか。

　日本では映画館の中では静かに観賞するのがふつうですが、韓国では悲鳴や歓声をあげて観ることが多いです。

50

전통 공예

>>>>> 韓紙を使った伝統工芸品には
何があるでしょうか？ >>>>>

伝統工芸

　韓国では様々な伝統文化に触れることができますが、その中でも伝統工芸は韓国の伝統美と実用性を兼ね備えた文化として、多くの人々に愛されています。

　韓国の伝統工芸の一つである韓紙（한지）工芸は、韓紙を用いて作る手工芸で、初めての人でも気軽に作ることができます。韓紙とは韓国の伝統紙のことで、変質せず、風通しが良く耐久性にも優れているのが特徴です。韓紙の魅力として、色や伝統紋様の多彩さをあげることができます。華麗で美しい扇子や疲れた心と体を和ませてくれるランプシェードなど、韓紙を使って簡単に手作りできるものがたくさんあります。韓紙工芸はベースとなる色とその中に組み合わせていく色の調和によって作り出されます。そのため、同じものを作ったとしても作り方次第で雰囲気が全く違うものになります。

　また、ポジャギ（보자기）のように繊細で色彩豊かな手工芸品もあります。ポジャギは大きさや色が異なる端切れをつなぎ合わせ、四角形にしたパッチワークです。ポジャギには素材や用途によって色々な種類があります。大切なものや贈り物を包んだり、食べ物の上にかぶせておくなど、日常生活でよく使われています。その他に間仕切りやカーテンなどインテリアとしても多くの人々を魅了しています。

　布をより華やかに見せる刺繍も魅力的です。刺繍が施された掛け布団やテーブルクロスは素敵です。

韓国語学習の「おやつ」
―10分で知る韓国の社会と文化―

検印省略	©2021 年 1 月 30 日　　初版発行 2024 年 1 月 30 日　第 2 刷発行

著　者　　　　　　　　　　　　松　﨑　真　日

　　　　　　　　　　　　　　　丁　　仁　　京

　　　　　　　　　　　　　　　安　藤　純　子

　　　　　　　　　　　　　　　趙　　賢　　眞

発行者　　　　　　　　　　　　原　　雅　　久

発行所　　　　　　　　　　株式会社 朝 日 出 版 社
　　　　　　　　　〒101-0065 東京都千代田区西神田 3-3-5
　　　　　　　　　TEL (03) 3239-0271・72 (直通)
　　　　　　　　　振替講座 東京 00140-2-46008
　　　　　　　　　http://www.asahipress.com/
　　　　　　　　　　　　　　　錦明印刷(株)